Impressum
Verlag: BABADADA GmbH, Nedderfeld 112 , 22529 Hamburg
Geschäftsführer / Verlagsleitung: Harald Hof
Druck: Books on Demand GmbH, In de Tarpen 42, 22848 Norderstedt

Imprint
Publisher: BABADADA GmbH, Nedderfeld 112 , 22529 Hamburg, Germany
Managing Director / Publishing direction: Harald Hof
Print: Books on Demand GmbH, In de Tarpen 42, 22848 Norderstedt

el colegio

school

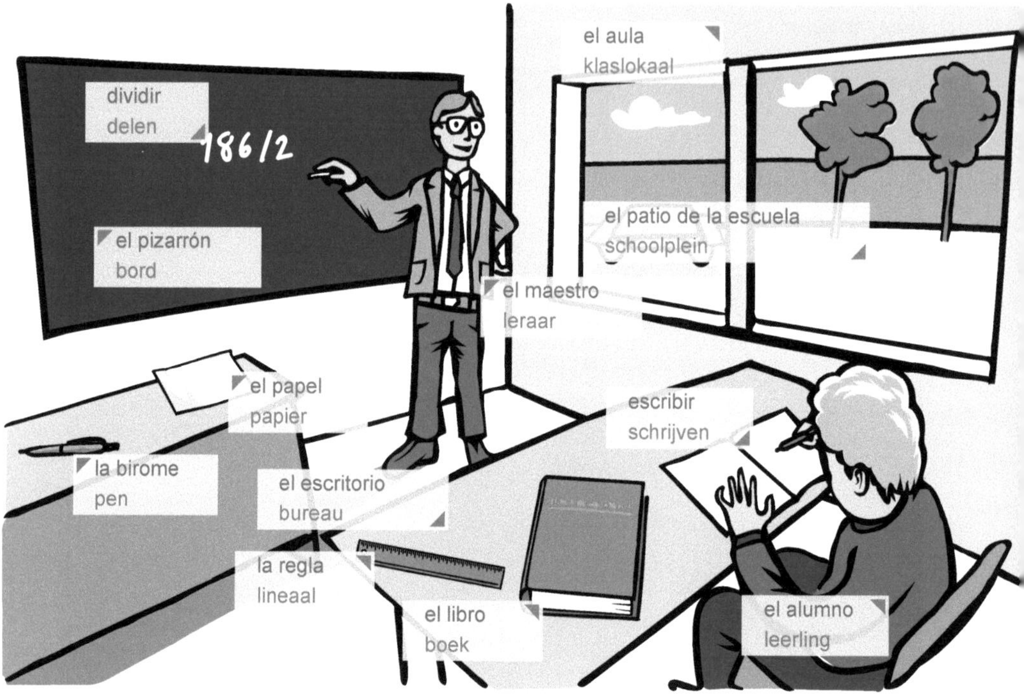

el aula
klaslokaal
dividir
delen
186/2
el pizarrón
bord
el patio de la escuela
schoolplein
el maestro
leraar
el papel
papier
escribir
schrijven
la birome
pen
el escritorio
bureau
la regla
lineaal
el libro
boek
el alumno
leerling

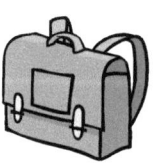

la mochila
schooltas

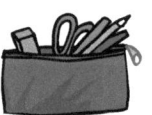

la caja de lápices
etui

el lápiz
potlood

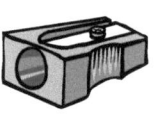

el sacapuntas
puntenslijper

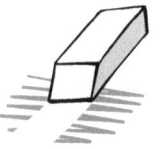

la goma (de borrar)
gum

el bloc de dibujo
schetsblok

el dibujo

tekening

el pincel

penseel

la caja de pinturas

verfdoos

la tijera

schaar

el pegamento

lijm

el cuaderno de ejercicios

schrift

la tarea

huiswerk

12

el número

getal

2+2

sumar

optellen

5-2

restar

aftrekken

2×2

multiplicar

vermenigvuldigen

calcular

rekenen

A

la letra

letter

ABCDEFG HIJKLMN OPQRSTU VWXYZ

el abecedario

alfabet

hello

la palabra

woord

el texto

tekst

leer

lezen

la tiza

krijt

la lección

les

el cuaderno de clase

klassenboek

el examen

examen

el certificado

diploma

el uniforme escolar

schooluniform

la educación

opleiding

la enciclopedia

encyclopedie

la universidad

universiteit

el microscopio

microscoop

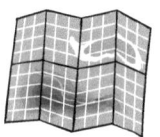

el mapa

kaart

el tacho (de basura)

prullenmand

el viaje
reis

el hotel
hotel
Grand
el hostel
hostel
ROOMS
la casa de cambio
wisselkantoor
EXCHANGE
la valija
koffer
el auto
auto

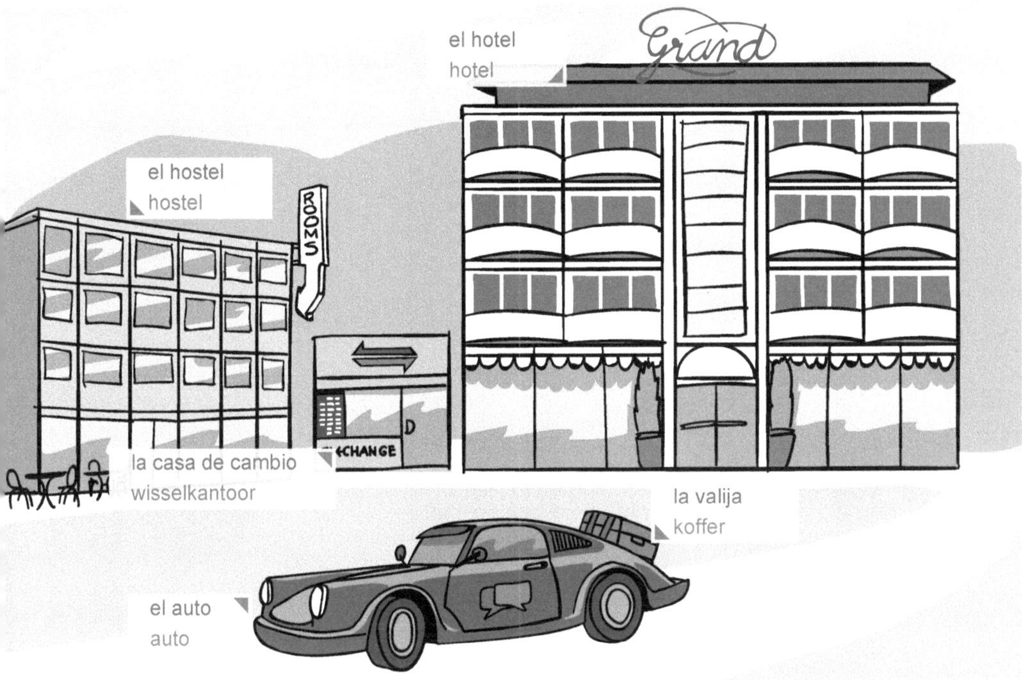

el idioma

taal

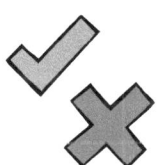

sí / no

ja / nee

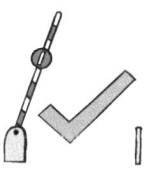

Está bien

oké

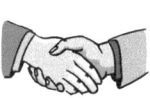

hola

Hallo!

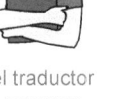

el traductor

tolk

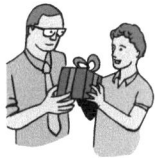

Gracias

Bedankt.

¿cuánto cuesta…?

Wat kost …?

No entiendo

Ik begrijp het niet.

el problema

probleem

¡Buenas tardes!

Goedenavond!

¡Buenos días!

Goedemorgen!

¡Buenas noches!

Goedenacht!

el adiós

Tot ziens!

la dirección

richting

el equipaje

bagage

el bolso

tas

la mochila

rugzak

el invitado

gast

la habitación

kamer

la bolsa de dormir

slaapzak

la carpa

tent

el viaje - reis

la información turística

VVV-kantoor

la playa

strand

la tarjeta de crédito

creditkaart

el desayuno

ontbijt

el almuerzo

lunch

la cena

diner

el pasaje

kaartje

el ascensor

lift

el sello

postzegel

la frontera

grens

la aduana

douane

la cmbajada

ambassade

la visa

visum

el pasaporte

paspoort

el transporte
transport

el avión
vliegtuig

el barco
schip

la autobomba
brandweerwagen

el colectivo
bus

el camión
vrachtauto

la lancha a motor
motorboot

la bicicleta
fiets

el auto
auto

el ferry
veerboot

el bote
boot

la moto
motorfiets

el patrullero
politiewagen

el auto de carreras
raceauto

el auto de alquiler
huurauto

el alquiler de autos

carsharing

la grúa

takelwagen

el camión de la basura

vuilniswagen

el motor

motor

la nafta

benzine

la estación de servicio

benzinepomp

la señal de tránsito

verkeersbord

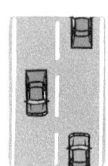

el tránsito

verkeer

el embotellamiento

file

el estacionamiento

parkeerplaats

la estación de tren

station

las vías

rails

el tren

trein

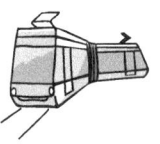

el tranvía

tram

el vagón

wagon

el helicóptero

helikopter

el aeropuerto

luchthaven

la torre

toren

el pasajero

passagier

el contenedor

container

la caja de cartón

verhuisdoos

la carretilla

kar

la canasta

mand

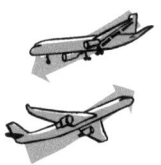

despegar / aterrizar

opstijgen / landen

la ciudad

stad

el pueblo

dorp

el centro de la ciudad

stadscentrum

la casa

huis

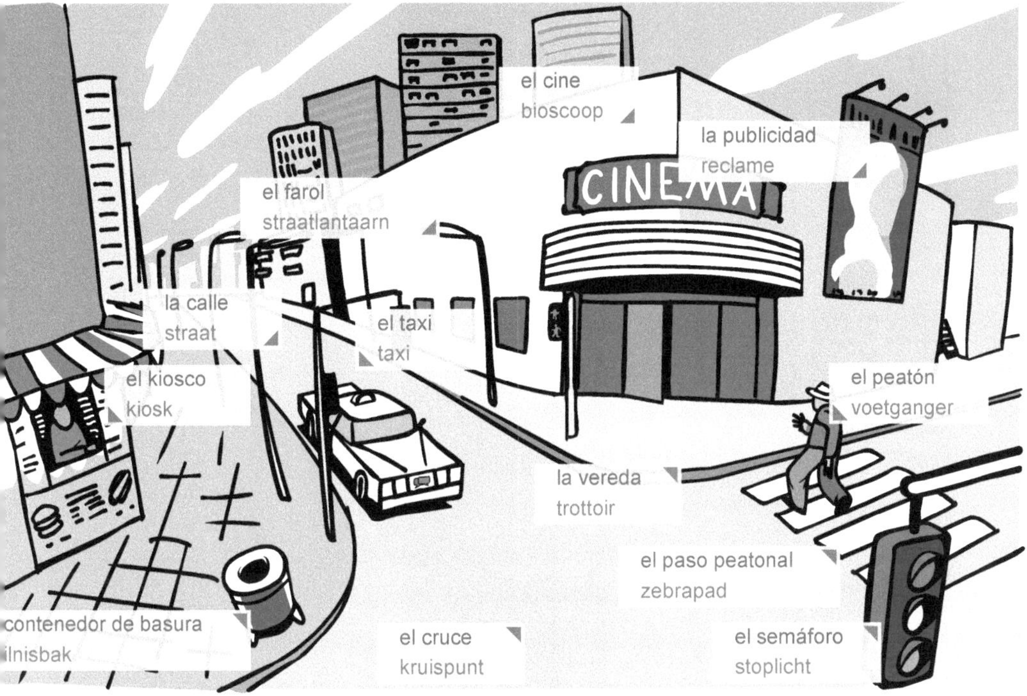

el cine
bioscoop

la publicidad
reclame

el farol
straatlantaarn

CINEMA

la calle
straat

el taxi
taxi

el kiosco
kiosk

el peatón
voetganger

la vereda
trottoir

el paso peatonal
zebrapad

contenedor de basura
vuilnisbak

el cruce
kruispunt

el semáforo
stoplicht

la cabaña
hut

el departamento
appartement

la estación de tren
station

la municipalidad
stadhuis

el museo
museum

el colegio
school

la universidad

universiteit

el banco

bank

el hospital

ziekenhuis

el hotel

hotel

la farmacia

apotheek

la oficina

kantoor

la librería

boekenwinkel

el negocio

winkel

la florería

bloemenwinkel

el supermercado

supermarkt

el mercado

markt

las grandes tiendas

warenhuis

la pescadería

visboer

el centro comercial

winkelcentrum

el puerto

haven

el parque

park

el banco

bank

el puente

brug

las escaleras

trap

el subte

metro

el túnel

tunnel

la parada del colectivo

bushalte

el bar

bar

el restaurante

restaurant

el buzón

brievenbus

el letrero

straatnaambord

el parquímetro

parkeermeter

el zoológico

dierentuin

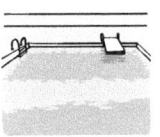

la pileta

zwembad

la mezquita

moskee

la granja
boerderij

la contaminación
vervuiling

el cementerio
begraafplaats

la iglesia
kerk

los juegos infantiles
speelplaats

el templo
tempel

el paisaje
landschap

la hoja
blad

el poste indicador
wegwijzer

el camino
weg

la pradera
weide

la piedra
steen

el árbol
boom

el excursionista
wandelaar

el río
rivier

la hierba
gras

la flor
bloem

el valle
vallei

la montaña
berg

el lago
meer

el bosque
bos

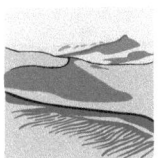

el desierto
woestijn

el volcán
vulkaan

el castillo
kasteel

el arco iris
regenboog

el champiñón
paddenstoel

la palmera
palmboom

el mosquito
mug

la mosca
vlieg

la hormiga
mier

la abeja
bij

la araña
spin

el escarabajo

kever

la rana

kikker

la ardilla

eekhoorn

el erizo

egel

la liebre

haas

la lechuza

uil

el pájaro

vogel

el cisne

zwaan

el jabalí

wild zwijn

el ciervo

hert

el alce

eland

la presa

stuwdam

el aerogenerador

windmolen

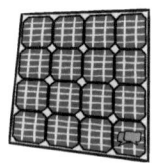

el panel solar

zonnepaneel

el clima

klimaat

el restaurante
restaurant

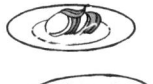

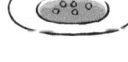

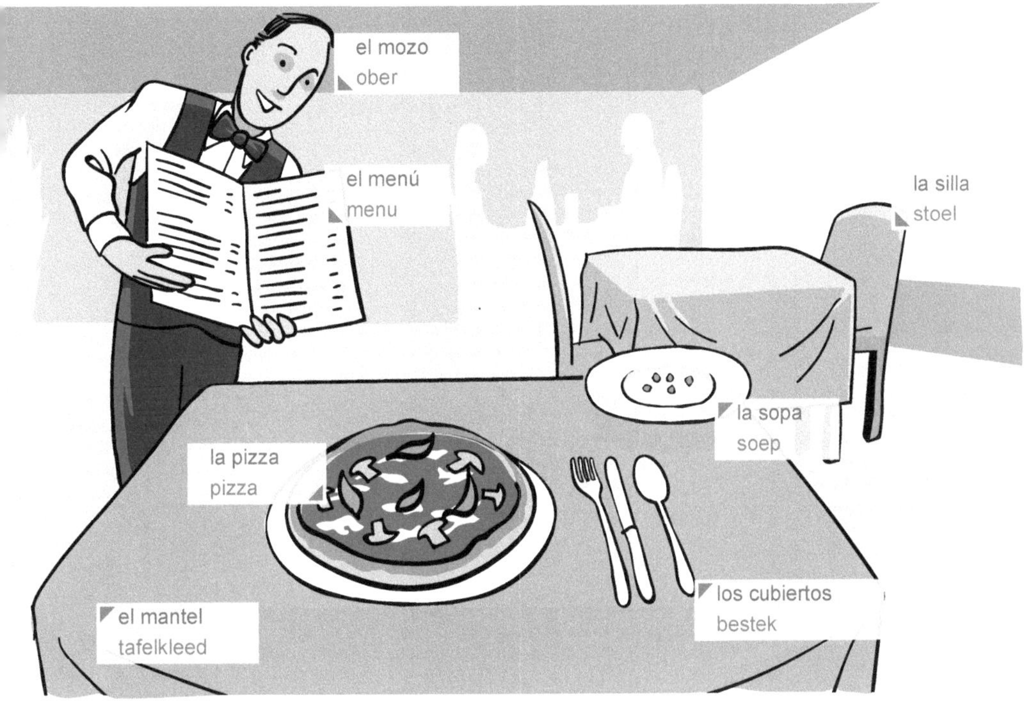
el mozo
ober
el menú
menu
la silla
stoel
la sopa
soep
la pizza
pizza
los cubiertos
bestek
el mantel
tafelkleed

la entrada
voorgerecht

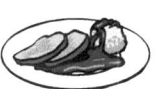

el plato principal
hoofdgerecht

el postre
toetje

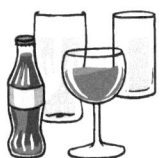

las bebidas
dranken

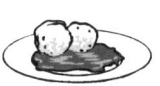

la comida
eten

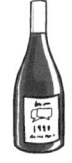

la botella
fles

la comida rápida

fastfood

la comida callejera

eetkraampje

la tetera

theepot

la azucarera

suikerpot

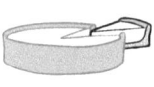

la porción

portie

la cafetera expreso

espressomachine

la sillita alta

kinderstoel

la cuenta

rekening

la bandeja

dienblad

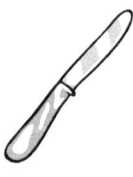

el cuchillo

mes

el tenedor

vork

la cuchara

lepel

la cucharita

theelepel

la servilleta

servet

el vaso

glas

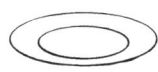

el plato

bord

el plato hondo

soepbord

el plato

schotel

la salsa

saus

el salero

zoutvaatje

el molinillo de pimienta

pepermolen

el vinagre

azijn

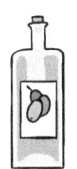

el aceite

olie

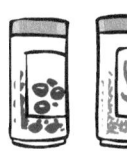

las especias

kruiden

el kétchup

ketchup

la mostaza

mosterd

la mayonesa

mayonaise

el supermercado
supermarkt

la oferta especial
aanbieding
FOR
el cliente
klant
los lácteos
zuivelproducten
la fruta
fruit
el changuito
winkelwagen

BUTCHERS

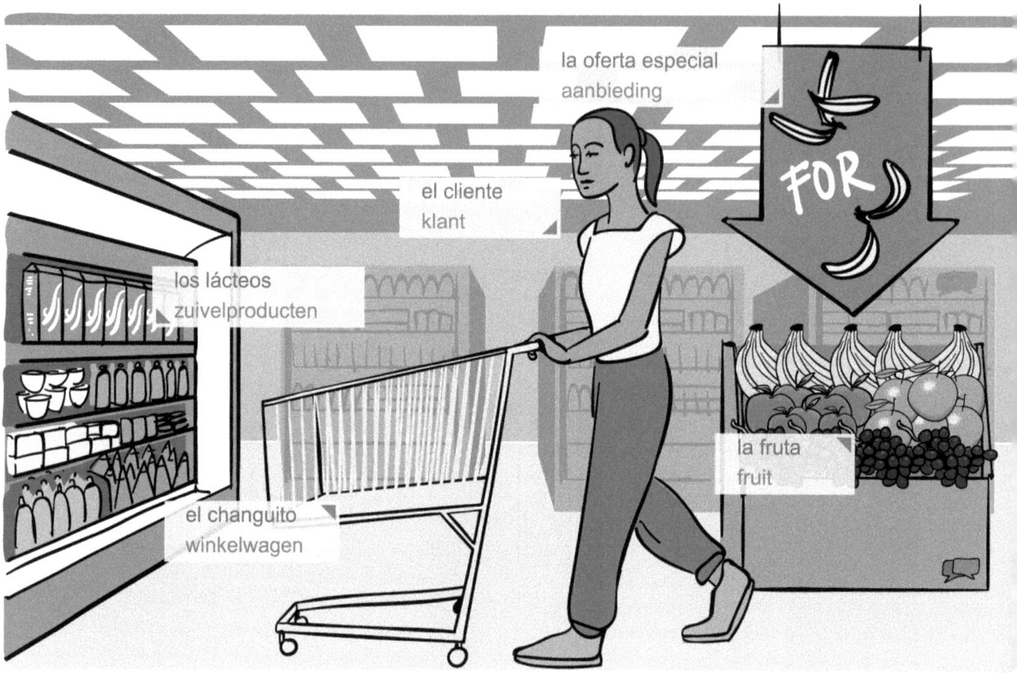

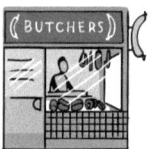

la carnicería

slager

BAKERY

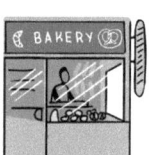

la panadería

bakkerij

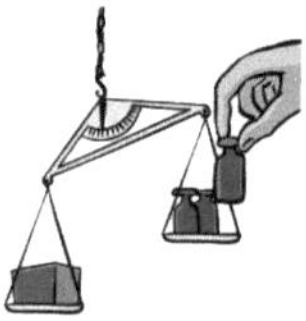

pesar

wegen

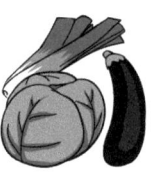

las verduras

groente

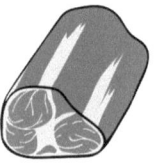

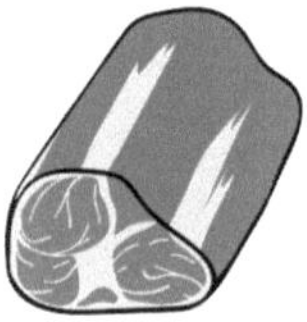

la carne

vlees

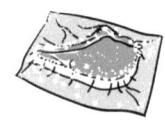

los alimentos congelados

diepvriesproducten

los fiambres

vleeswaren

los alimentos enlatados

conserven

el detergente en polvo

wasmiddel

las golosinas

snoepgoed

los electrodomésticos

huishoudelijke artikelen

los productos de limpieza

schoonmaakmiddel

la vendedora

verkoopster

la caja

kassa

el cajero

kassier

la lista de compras

boodschappenlijstje

el horario de atención

openingstijden

la billetera

portefeuille

la tarjeta de crédito

creditkaart

la cartera

tas

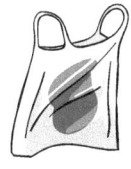

la bolsa de plástico

plastic zak

el agua

water

el jugo

sap

la leche

melk

la bebida cola

cola

el vino

wijn

la cerveza

bier

el alcohol

alcohol

el cacao

chocolademelk

el té

thee

el café

koffie

el café expreso

espresso

el cappuccino

cappuccino

la banana

banaan

la manzana

appel

la naranja

sinaasappel

el melón

watermeloen

el limón

citroen

la zanahoria

wortel

el ajo

knoflook

el bambú

bamboe

la cebolla

ui

el champiñón

paddenstoel

las nueces

noten

los fideos

pasta

los tallarines

spaghetti

el arroz

rijst

la ensalada

salade

las papas fritas

friet

las papas fritas

gebakken aardappelen

la pizza

pizza

la hamburguesa

hamburger

el sándwich

sandwich

el churrasco

schnitzel

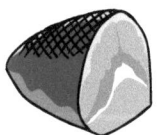

el jamón

ham

el salame

salami

la salchicha

worst

el pollo

kip

el asado

gebraad

el pescado

vis

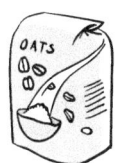

los copos de avena

havermout

el muesli

muesli

los copos de maíz

cornflakes

la harina

meel

la medialuna

croissant

el pancito

broodjes

el pan

brood

la tostada

toast

las galletitas

koekjes

la manteca

boter

la cuajada

kwark

la torta

taart

el huevo

ei

el huevo frito

gebakken ei

el queso

kaas

la comida - eten

el helado

ijs

el azúcar

suiker

la miel

honing

la mermelada

jam

la pasta de chocolate

chocoladepasta

el curry

kerrie

la granja
boerderij

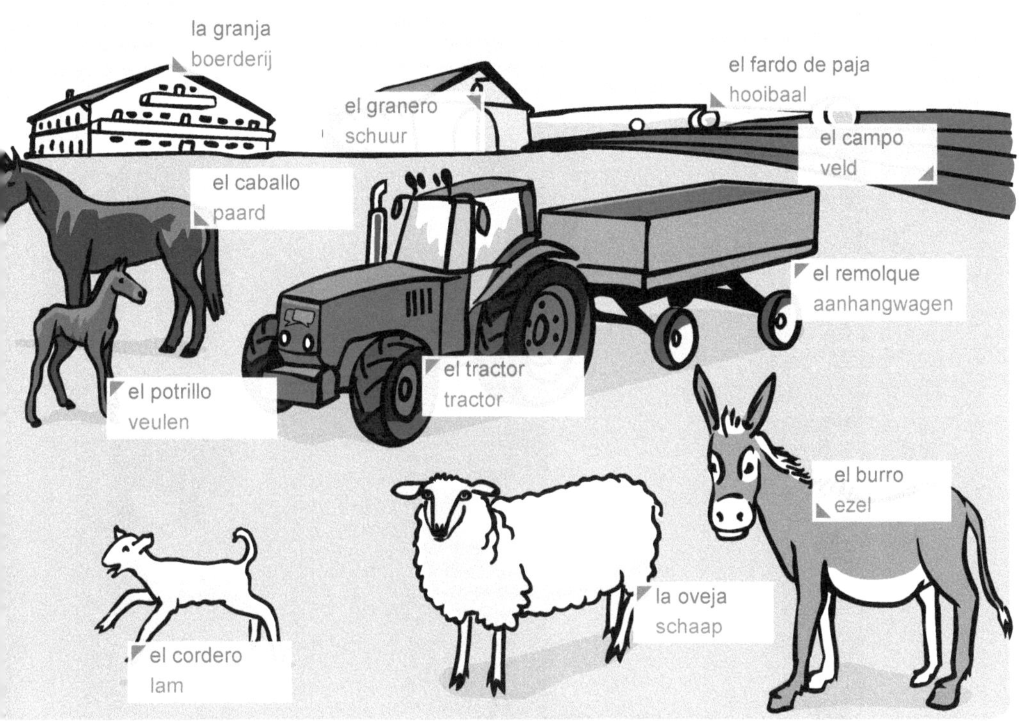

la granja
boerderij
el granero
schuur
el fardo de paja
hooibaal
el campo
veld
el caballo
paard
el remolque
aanhangwagen
el tractor
tractor
el potrillo
veulen
el burro
ezel
la oveja
schaap
el cordero
lam

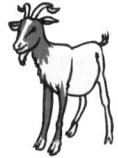

la cabra

geit

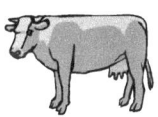

la vaca

koe

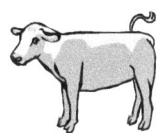

el ternero

kalf

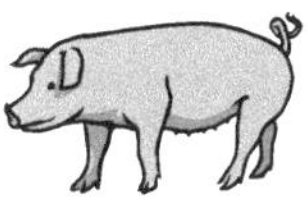

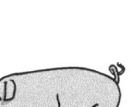

el cerdo

varken

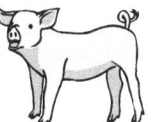

el lechón

big

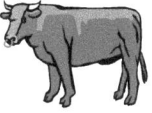

el toro

stier

el ganso

gans

el pato

eend

el pollo

kuiken

la gallina

kip

el gallo

haan

la rata

rat

el gato

kat

el ratón

muis

el buey

os

el perro

hond

la cucha

hondenhok

la manguera

tuinslang

la regadera

gieter

la guadaña

zeis

el arado

ploeg

la hoz

sikkel

la azada

schoffel

la horquilla

hooivork

el hacha

bijl

la carretilla

kruiwagen

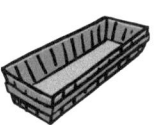

el abrevadero

trog

la lechera

melkbus

la bolsa

zak

la reja

hek

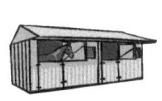

el establo

stal

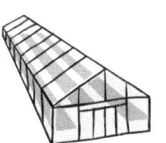

el invernadero

broeikas

el suelo

grond

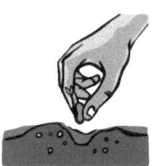

la semilla

zaad

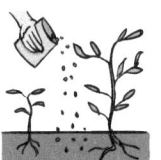

el fertilizador

mest

la cosechadora

maaidorser

cosechar

oogsten

la cosecha

oogst

las batatas

yam

el trigo

tarwe

la soja

soja

la papa

aardappel

el maíz

maïs

la semilla de colza

koolzaad

el árbol frutal

fruitboom

la mandioca

maniok

los cereales

granen

la casa
huis

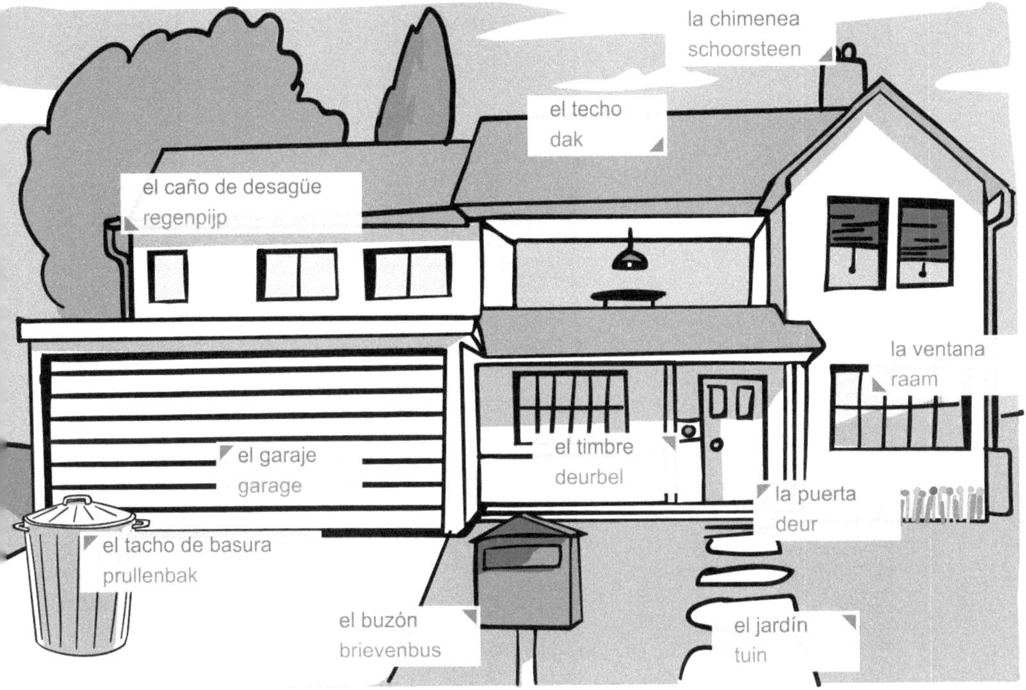
la chimenea
schoorsteen
el techo
dak
el caño de desagüe
regenpijp
la ventana
raam
el garaje
garage
el timbre
deurbel
la puerta
deur
el tacho de basura
prullenbak
el buzón
brievenbus
el jardín
tuin

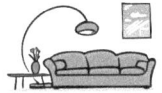

el living

woonkamer

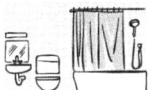

el baño

badkamer

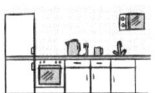

la cocina

keuken

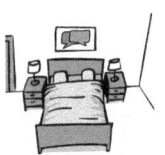

el dormitorio

slaapkamer

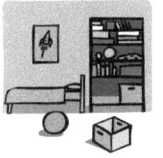

el cuarto de los chicos

kinderkamer

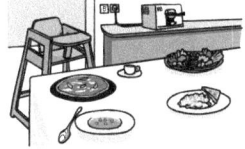

el comedor

eetkamer

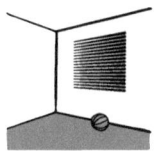

el piso

vloer

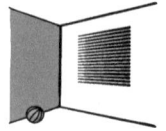

la pared

muur

el cielorraso

plafond

el sótano

kelder

el sauna

sauna

el balcón

balkon

la terraza

terras

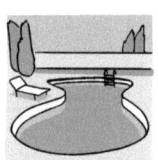

la pileta

zwembad

la cortadora de pasto

grasmaaier

la sábana

laken

el acolchado

bedsprei

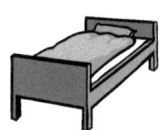

la cama

bed

la escoba

bezem

el balde

emmer

el interruptor

schakelaar

el living
woonkamer

el empapelado
behang
la imagen
foto
la lámpara
lamp
el estante
plank
el armario
kast
la televisión
televisie
la chimenea
open haard
la flor
bloem
el almohadón
kussen
el sofá
bankstel
el florero
vaas
el control remoto
afstandsbediening

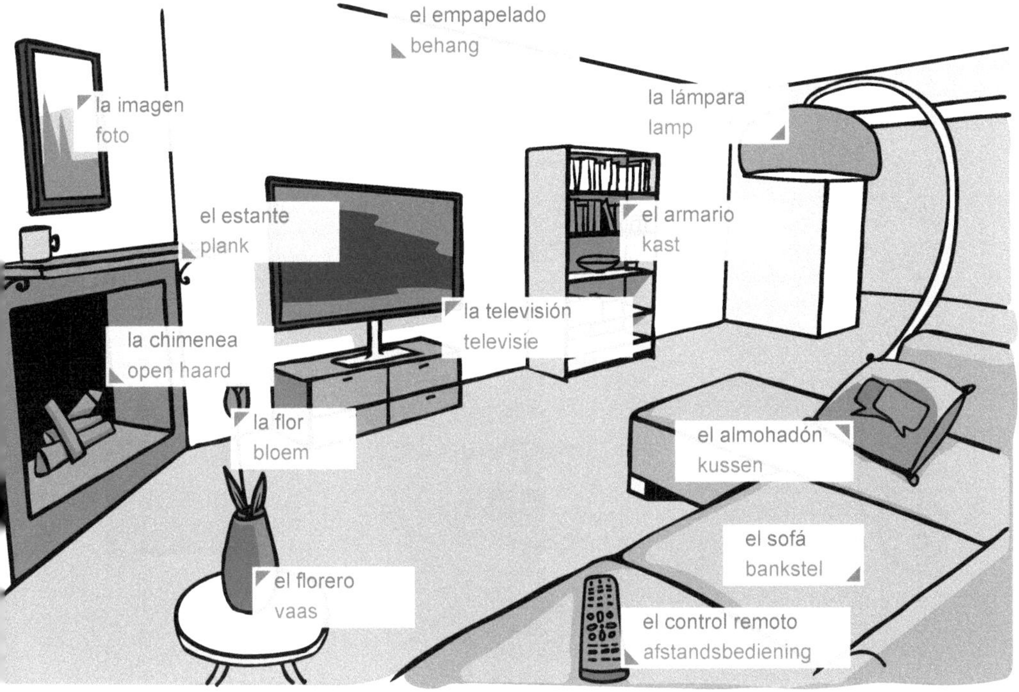

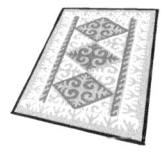

la alfombra

tapijt

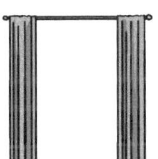

la cortina

gordijn

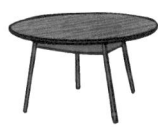

la mesa

tafel

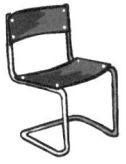

la silla

stoel

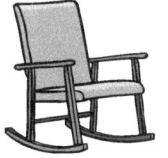

la mecedora

schommelstoel

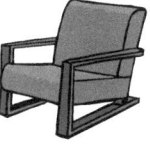

el sillón

stoel

el libro
boek

la frazada
deken

la decoración
decoratie

la leña
brandhout

la película
film

el equipo de música
stereo-installatie

la llave
sleutel

el diario
krant

la pintura
schilderij

el póster
poster

la radio
radio

el cuaderno
kladblok

la aspiradora
stofzuiger

el cactus
cactus

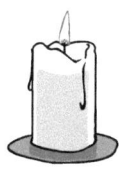

la vela
kaars

la cocina
keuken

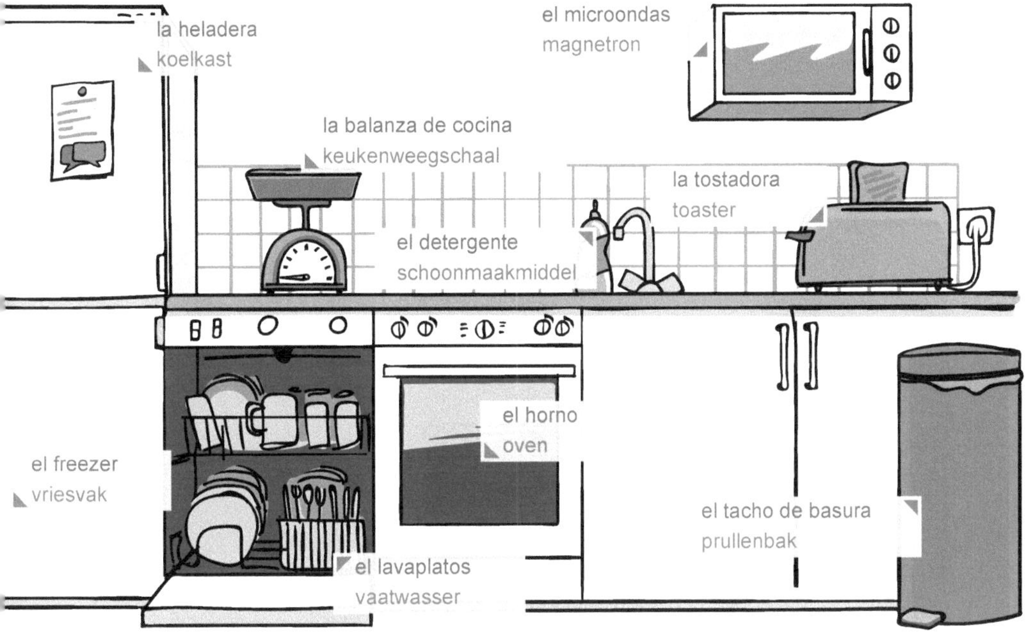

la heladera
koelkast
el microondas
magnetron
la balanza de cocina
keukenweegschaal
la tostadora
toaster
el detergente
schoonmaakmiddel
el horno
oven
el freezer
vriesvak
el tacho de basura
prullenbak
el lavaplatos
vaatwasser

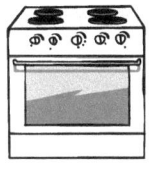

la cocina

fornuis

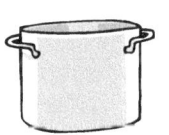

la olla

pan

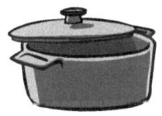

la olla de hierro fundido

gietijzeren pan

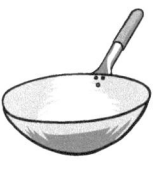

el wok

wok / kadai

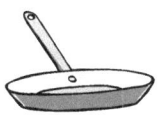

la sartén

koekenpan

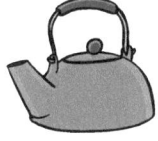

la pava

ketel

la vaporera

stoomkoker

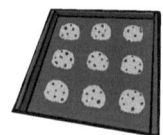

la bandeja de horno

bakplaat

la vajilla

servies

la taza

beker

el bol

kom

los palitos

eetstokjes

el cucharón

soeplepel

la espátula

spatel

la batidora

garde

el colador

vergiet

el colador

zeef

el rallador

rasp

el mortero

vijzel

la parrilla

barbecue

la fogata

vuurhaard

la tabla de picar

snijplank

el palo de amasar

deegroller

el sacacorchos

kurkentrekker

la lata

blik

el abrelatas

blikopener

la manopla

pannenlap

la pileta

wasbak

el cepillo

borstel

la esponja

spons

la batidora

blender

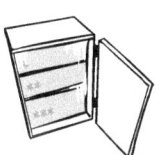

el congelador

vriezer

la mamadera

babyflesje

la canilla

kraan

el baño
badkamer

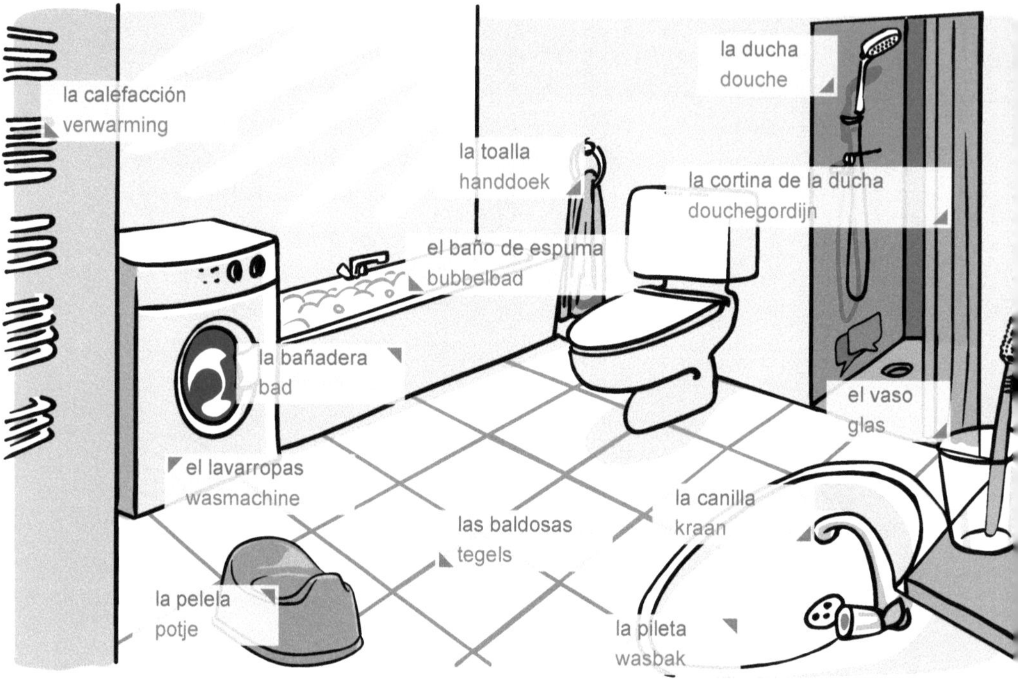

la ducha
douche
la calefacción
verwarming
la toalla
handdoek
la cortina de la ducha
douchegordijn
el baño de espuma
bubbelbad
la bañadera
bad
el vaso
glas
el lavarropas
wasmachine
la canilla
kraan
las baldosas
tegels
la pelela
potje
la pileta
wasbak

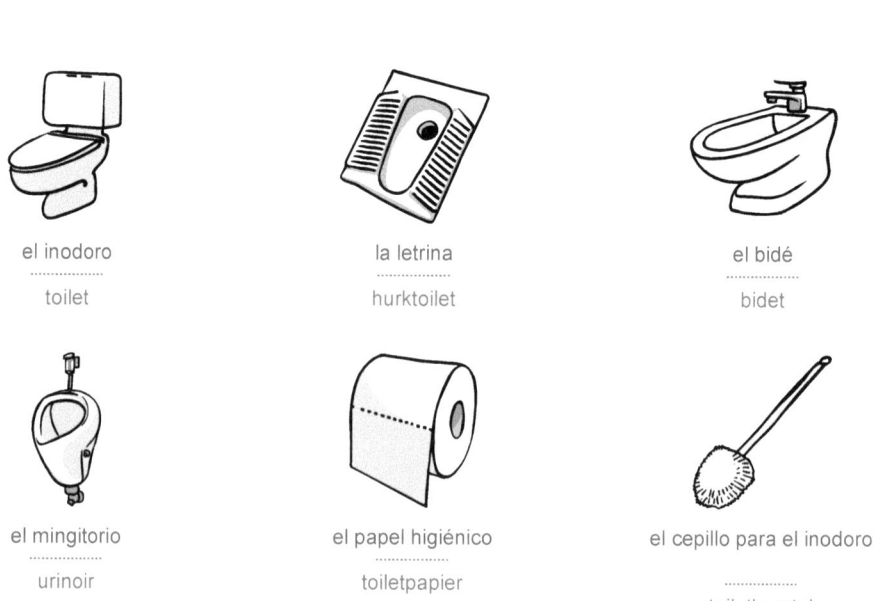

el inodoro

toilet

la letrina

hurktoilet

el bidé

bidet

el mingitorio

urinoir

el papel higiénico

toiletpapier

el cepillo para el inodoro

toiletborstel

el cepillo de dientes

tandenborstel

el dentífrico

tandpasta

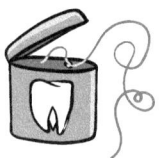

el hilo dental

flosdraad

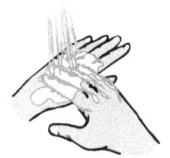

lavar

wassen

la ducha de mano

handdouche

la ducha higiénica

toiletdouche

la palangana

waskom

el cepillo para la espalda

rugborstel

el jabón

zeep

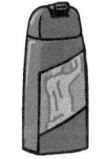

el gel de ducha

douchegel

el shampoo

shampoo

la toallita

washanje

el desagüe

afvoer

la crema

creme

el desodorante

deodorant

el espejo

spiegel

el espejito

make-upspiegel

la maquinita de afeitar

scheermes

la espuma de afeitar

scheerschuim

el aftershave

aftershave

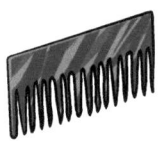

el peine

kam

el cepillo

borstel

el secador de pelo

haardroger

el spray

haarspray

el maquillaje

make-up

el lápiz de labios

lippenstift

el esmalte para uñas

nagellak

el algodón

watten

la tijera para uñas

nagelschaartje

el perfume

parfum

el portacosméticos

toilettas

la banqueta

kruk

la balanza

weegschaal

la bata

badjas

los guantes de goma

rubber handschoenen

el tampón

tampon

la toallita femenina

maandverband

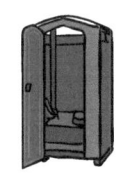

el baño químico

chemisch toilet

el cuarto de los chicos
kinderkamer

el despertador
wekker
el peluche
knuffeldier
el coche de juguete
speelgoedauto
el sonajero
rammelaar
la casa de muñecas
poppenhuis
el regalo
cadeau

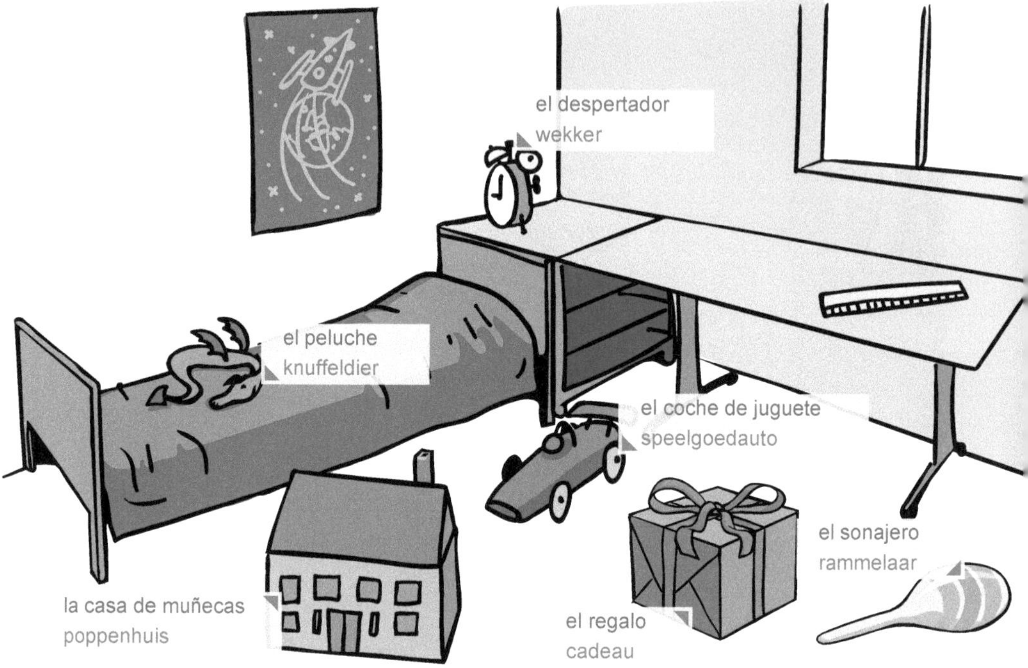

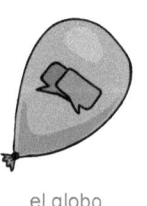

el globo
ballon

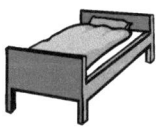

la cama
bed

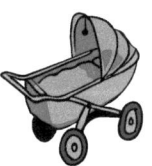

el cochecito
kinderwagen

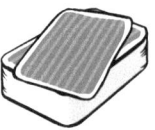

las cartas
kaartspel

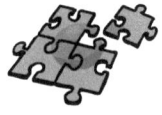

el rompecabezas
puzzel

SUPER
MEGA

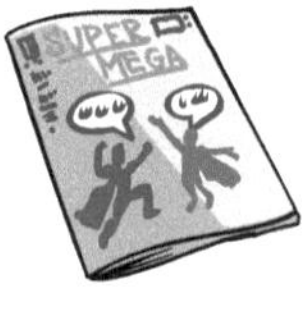

la historieta
stripverhaal

las piezas de lego

legostenen

los ladrillos de juguete

speelgoedblokken

la figura de acción

actiefiguurtje

el enterito (de bebé)

romper

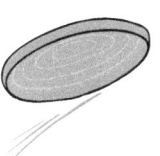

el frisbee

frisbee

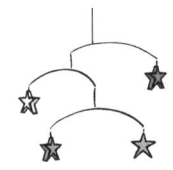

el móvil para bebés

mobile

el juego de mesa

bordspel

los dados

dobbelsteen

el tren eléctrico

modeltrein

el chupete

speen

la fiesta

feestje

el libro de cuentos ilustrado

prentenboek

la pelota

bal

la muñeca

pop

jugar

spelen

el arenero

zandbak

la hamaca

schommel

los juguetes

speelgoed

la consola de videojuegos

spelcomputer

el triciclo

driewieler

el osito de peluche

teddybeer

el armario

kleerkast

la ropa
kleding

las medias

sokken

las medias panty

kousen

las calzas

panty

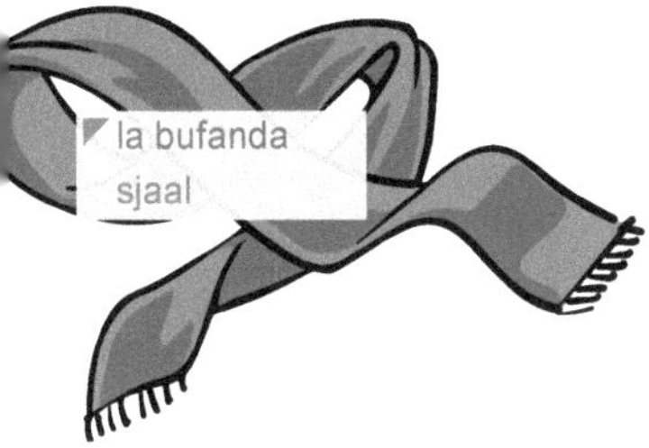

la bufanda
sjaal

el paraguas
paraplu

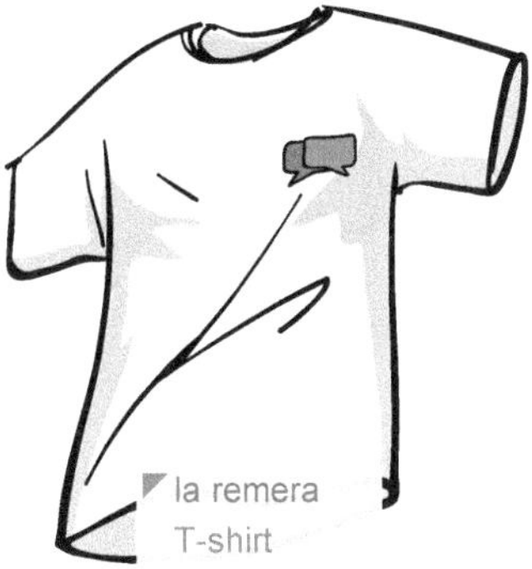

la remera
T-shirt

el cinturón
riem

la botas
laarzen

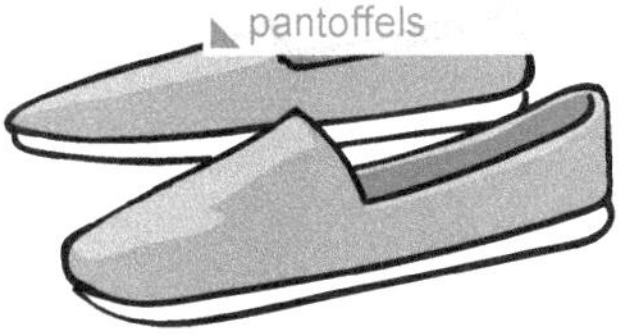

las pantuflas
pantoffels

las zapatillas
sportschoenen

las sandalias
sandalen

los zapatos
schoenen

las botas de goma
rubberlaarzen

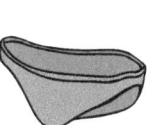

la ropa interior
onderbroek

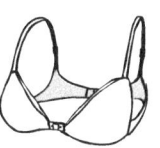

el corpiño
beha

el chaleco
onderhemd

el body
body

los pantalones
broek

los jeans
spijkerbroek

la pollera
rok

la blusa
blouse

la camisa
overhemd

el pulóver
trui

el buzo
hoody

el blazer
blazer

la campera
jas

el tapado
mantel

el piloto
regenjas

el traje
kostuum

el vestido
jurk

el vestido de novia
trouwjurk

el traje

pak

el camisón

nachthemd

el pijama

pyjama

el sari

sari

el pañuelo para la cabeza

hoofddoek

el turbante

tulband

la burka

boerka

el caftán

kaftan

la abaya

abaja

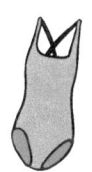

el traje de baño

zwempak

el short de baño

zwembroek

los shorts

korte broek

el jogging

trainingspak

el delantal

schort

los guantes

handschoenen

la ropa - kleding

el botón

knoop

los anteojos

bril

la pulsera

armband

el collar

ketting

el anillo

ring

el aro

oorbel

la gorra

pet

la percha

kledinghanger

el sombrero

hoed

la corbata

stropdas

el cierre

rits

el casco

helm

los tiradores

bretels

el uniforme escolar

schooluniform

el uniforme

uniform

el babero

slabbetje

el chupete

speen

el pañal

luier

la oficina
kantoor

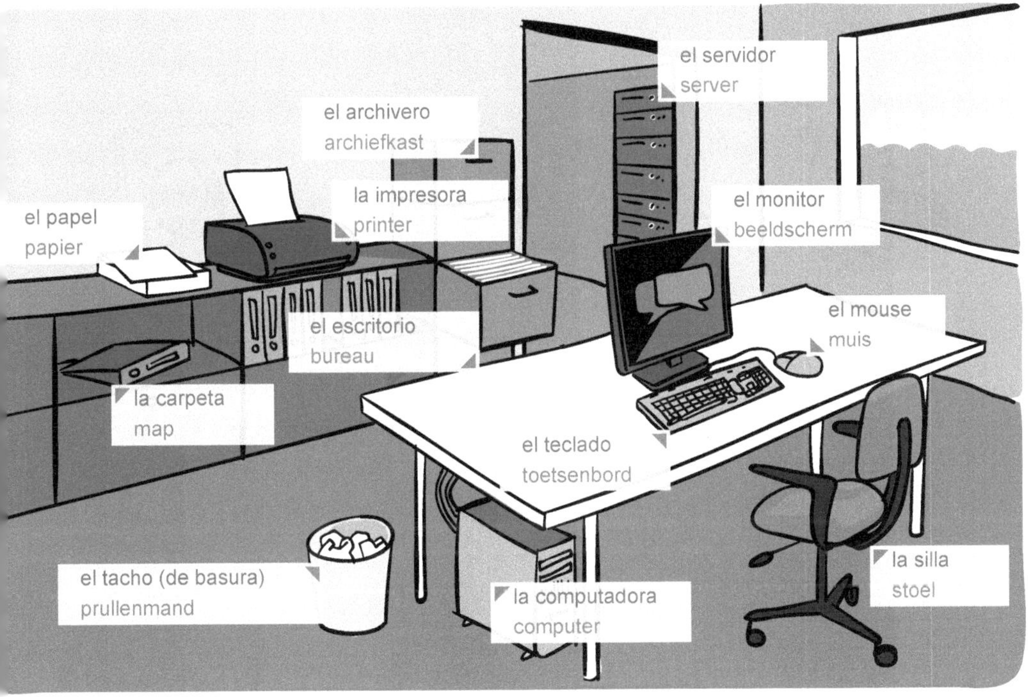

el servidor
server

el archivero
archiefkast

la impresora
printer

el monitor
beeldscherm

el papel
papier

el escritorio
bureau

el mouse
muis

la carpeta
map

el teclado
toetsenbord

el tacho (de basura)
prullenmand

la silla
stoel

la computadora
computer

la taza de café

koffiemok

la calculadora

rekenmachine

el internet

internet

la laptop

laptop

la carta

brief

el mensaje

bericht

el celular

mobiele telefoon

la red

netwerk

la fotocopiadora

kopieermachine

el software

software

el teléfono

telefoon

el tomacorriente

stopcontact

el fax

fax

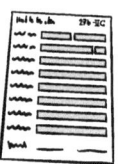

el formulario

formulier

el documento

document

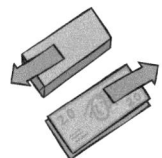

comprar

kopen

pagar

betalen

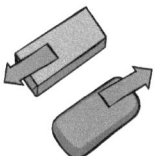

hacer negocios

handel drijven

el dinero

geld

el dólar

dollar

el euro

euro

el yen

yen

el rublo

roebel

el franco suizo

Zwitserse frank

el yuan

renminbi yuan

la rupia

roepie

el cajero automático

geldautomaat

la casa de cambio

wisselkantoor

el oro

goud

la plata

zilver

el petróleo

olie

la energía

energie

el precio

prijs

el contrato

contract

el impuesto

belasting

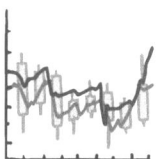

la acción

aandeel

trabajar

werken

el empleado

werknemer

el empleador

werkgever

la fábrica

fabriek

el negocio

winkel

las ocupaciones
beroepen

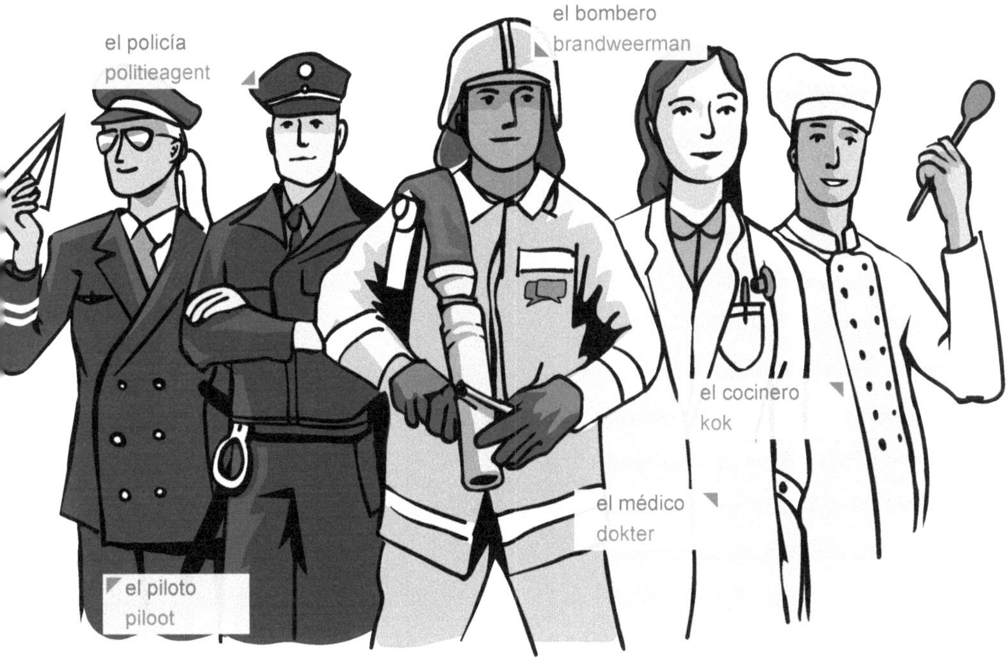
el bombero
brandweerman
el policía
politieagent
el cocinero
kok
el médico
dokter
el piloto
piloot

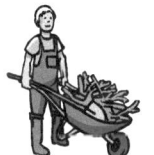

el jardinero

tuinman

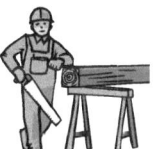

el carpintero

timmerman

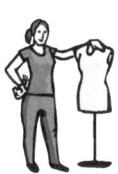

la modista

naaister

el juez

rechter

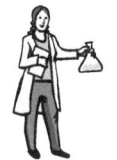

el farmacéutico

scheikundige

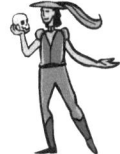

el actor

toneelspeler

el colectivero

buschauffeur

el taxista

taxichauffeur

el pescador

visser

la mucama

schoonmaakster

el techista

dakdekker

el mozo

ober

el cazador

jager

el pintor

schilder

el panadero

bakker

el electricista

elektricien

el albañil

bouwvakker

el ingeniero

ingenieur

el carnicero

slager

el plomero

loodgieter

el cartero

postbode

el soldado

soldaat

el arquitecto

architect

el cajero

kassier

el florista

bloemist

el peluquero

kapper

el cobrador

conducteur

el mecánico

monteur

el capitán

kapitein

el dentista

tandarts

el científico

wetenschapper

el rabino

rabbi

el imán

imam

el monje

monnik

el sacerdote

pastoor

las herramientas
gereedschap

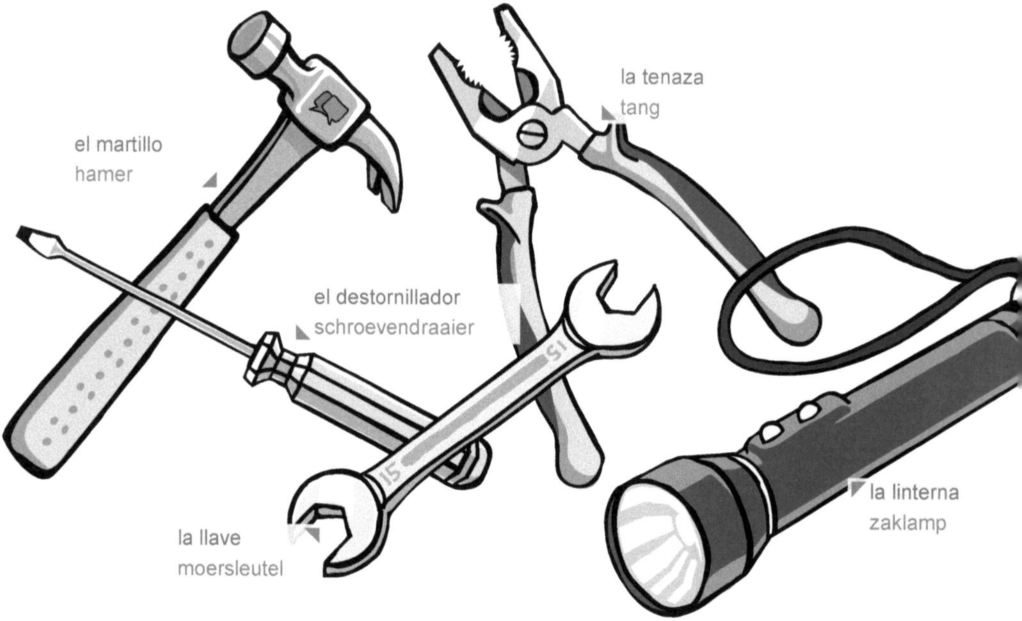

la tenaza
tang
el martillo
hamer
el destornillador
schroevendraaier
la llave
moersleutel
la linterna
zaklamp

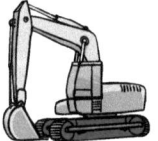

la excavadora

graafmachine

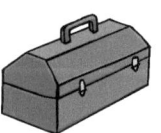

la caja de herramientas

gereedschapskist

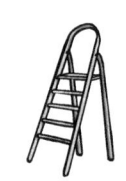

la escalera portátil

ladder

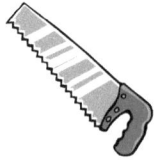

la sierra

zaag

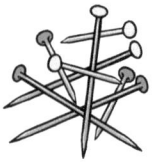

los clavos

spijkers

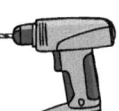

el taladro

boor

arreglar

repareren

la pala de jardín

schep

¡Qué bronca!

Verdorie!

la pala de plástico

stofblik

el tacho de pintura

verfpot

los tornillos

schroeven

los instrumentos musicales
muziekinstrumenten

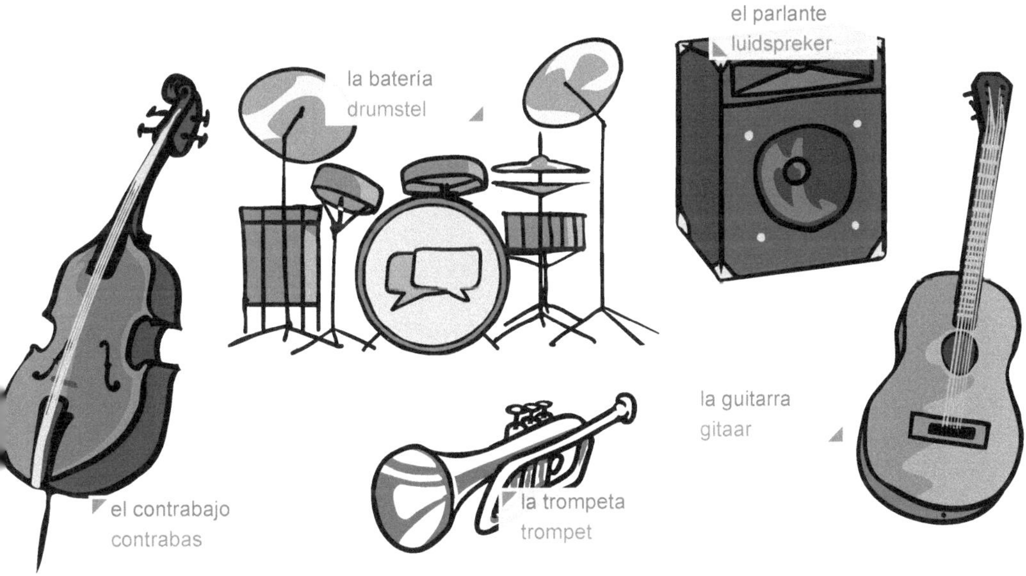

la batería
drumstel

el parlante
luidspreker

la guitarra
gitaar

el contrabajo
contrabas

la trompeta
trompet

el piano

piano

el violín

viool

el bajo

bas

los timbales

pauk

el tambor

trommel

el teclado

keyboard

el saxofón

saxofoon

la flauta

fluit

el micrófono

microfoon

el zoológico
dierentuin

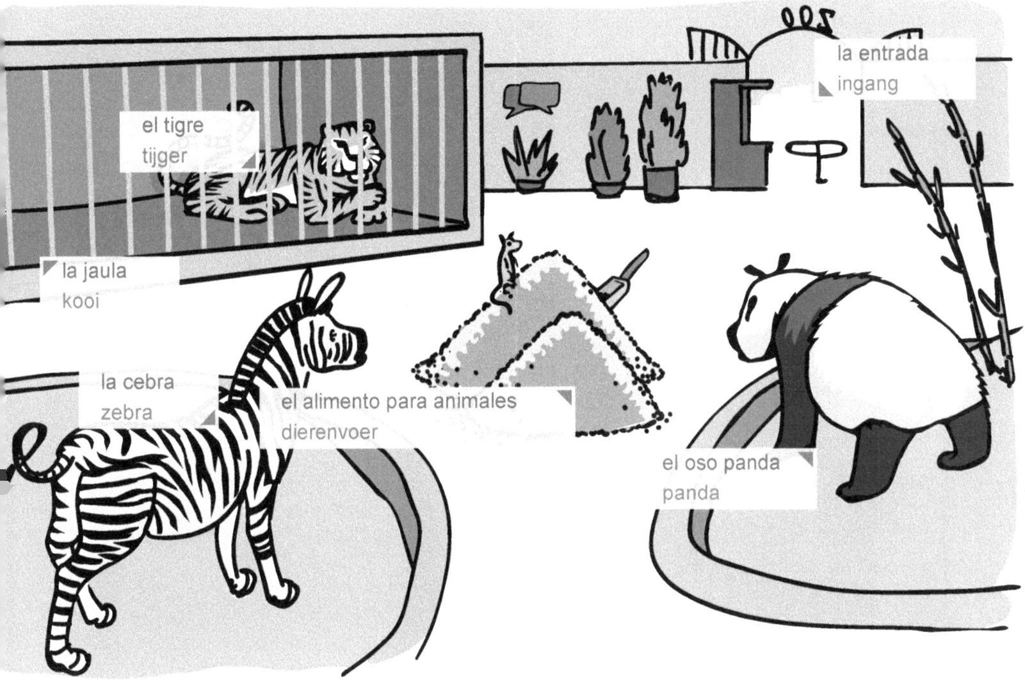

la entrada
ingang
el tigre
tijger
la jaula
kooi
la cebra
zebra
el alimento para animales
dierenvoer
el oso panda
panda

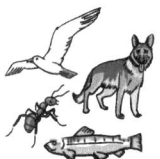

los animales

dieren

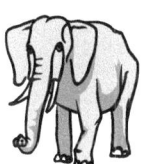

el elefante

olifant

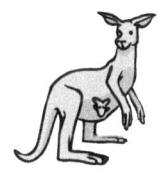

el canguro

kangoeroe

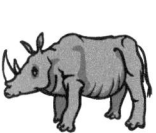

el rinoceronte

neushoorn

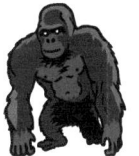

el gorila

gorilla

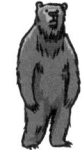

el oso

beer

el camello

kameel

el avestruz

struisvogel

el león

leeuw

el mono

aap

el flamenco

flamingo

el loro

papegaai

el oso polar

ijsbeer

el pingüino

pinguïn

el tiburón

haai

el pavo real

pauw

la serpiente

slang

el cocodrilo

krokodil

el cuidador del zoológico

dierenverzorger

la foca

zeehond

el jaguar

jaguar

el poni

pony

el leopardo

luipaard

el hipopótamo

nijlpaard

la jirafa

giraffe

el águila

adelaar

el jabalí

wild zwijn

el pescado

vis

la tortuga

schildpad

la morsa

walrus

el zorro

vos

la gacela

gazelle

el fútbol americano
American football

el ciclismo
wielrennen

el tenis
tennis

el básquet
basketbal

la natación
zwemmen

el boxeo
boksen

el hockey sobre hielo
ijshockey

el fútbol

voetbal

el bádminton

badminton

el atletismo

atletiek

el handball

handbal

el esquí

skiën

el polo

polo

las actividades
activiteiten

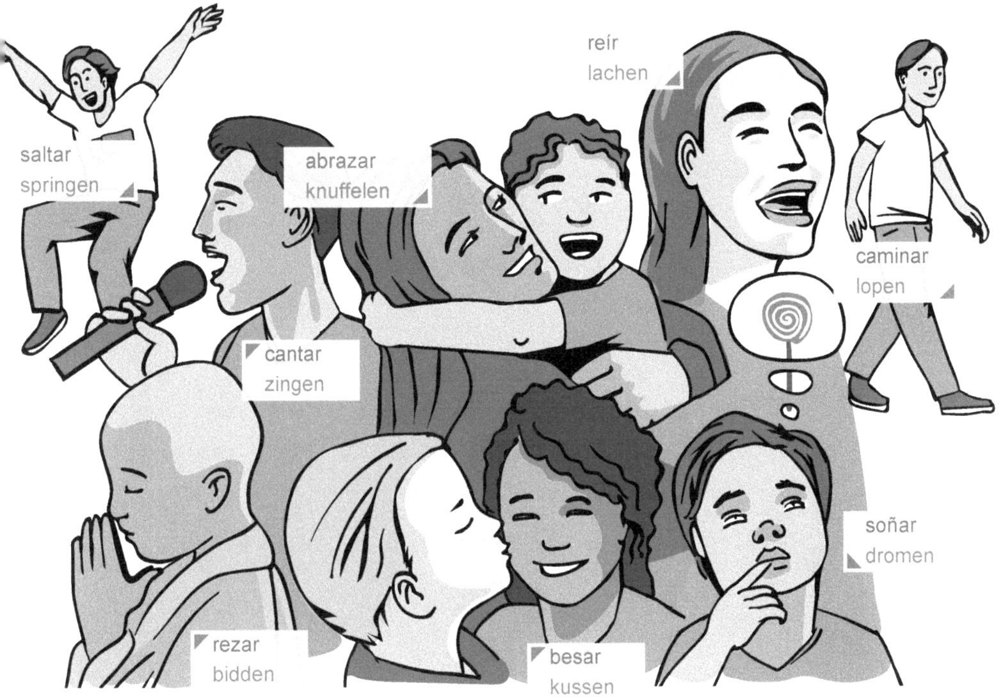

reír
lachen
saltar
springen
abrazar
knuffelen
caminar
lopen
cantar
zingen
soñar
dromen
rezar
bidden
besar
kussen

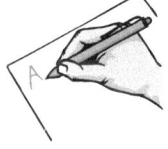

escribir

schrijven

dibujar

tekenen

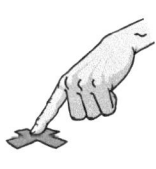

mostrar

tonen

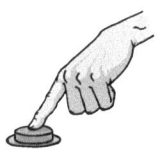

presionar

duwen

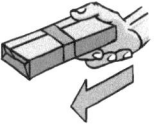

dar

geven

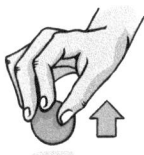

tomar

oppakken

tener

hebben

hacer

doen

ser

zijn

estar parado

staan

correr

rennen

tirar

trekken

tirar

gooien

caer

vallen

estar acostado

liggen

esperar

wachten

llevar

dragen

estar sentado

zitten

vestirse

aankleden

dormir

slapen

despertar

wakker worden

mirar

bekijken

llorar

huilen

acariciar

strelen

peinar

kammen

hablar

praten

entender

begrijpen

preguntar

vragen

escuchar

horen

beber

drinken

comer

eten

ordenar

opruimen

amar

houden van

cocinar

koken

manejar

rijden

volar

vliegen

navegar
zeilen

calcular
rekenen

leer
lezen

aprender
leren

trabajar
werken

casarse
trouwen

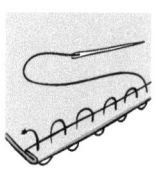

coser
naaien

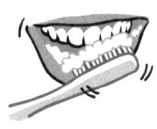

cepillarse los dientes
tandenpoetsen

matar
doden

fumar
roken

enviar
verzenden

la familia
familie

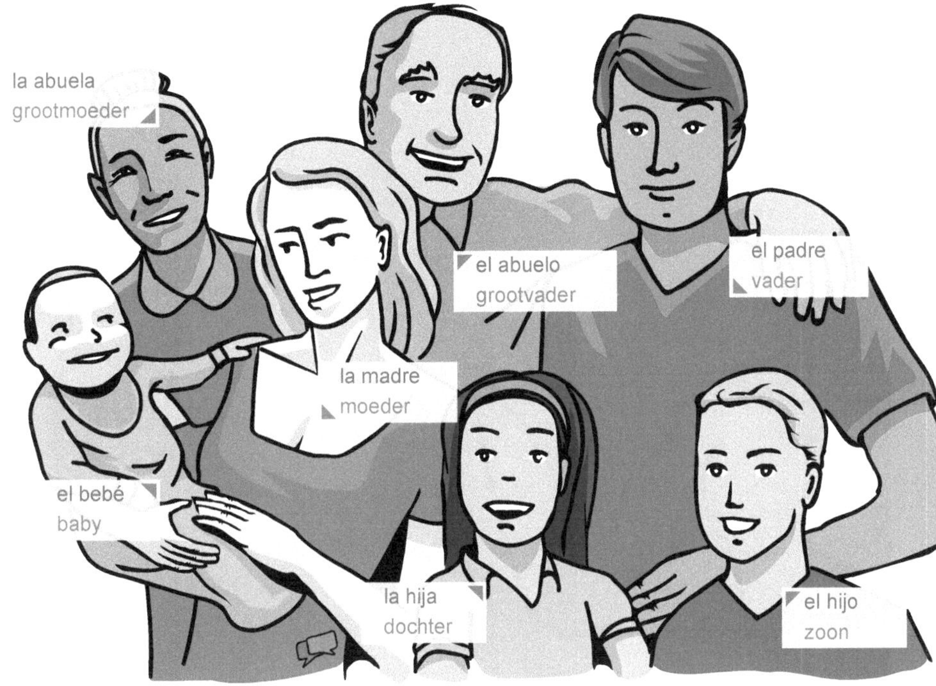

la abuela
grootmoeder
el abuelo
grootvader
el padre
vader
la madre
moeder
el bebé
baby
la hija
dochter
el hijo
zoon

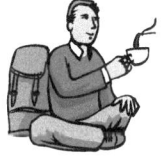

el invitado

gast

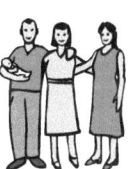

la tía

tante

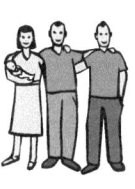

el tío

oom

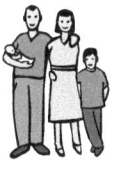

el hermano

broer

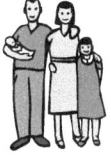

la hermana

zus

el cuerpo
lichaam

la frente
voorhoofd
el ojo
oog
el hombro
schouder
el dedo
vinger
la cara
gezicht
la pera
kin
la mano
hand
la pierna
been
el pecho
borst
el brazo
arm

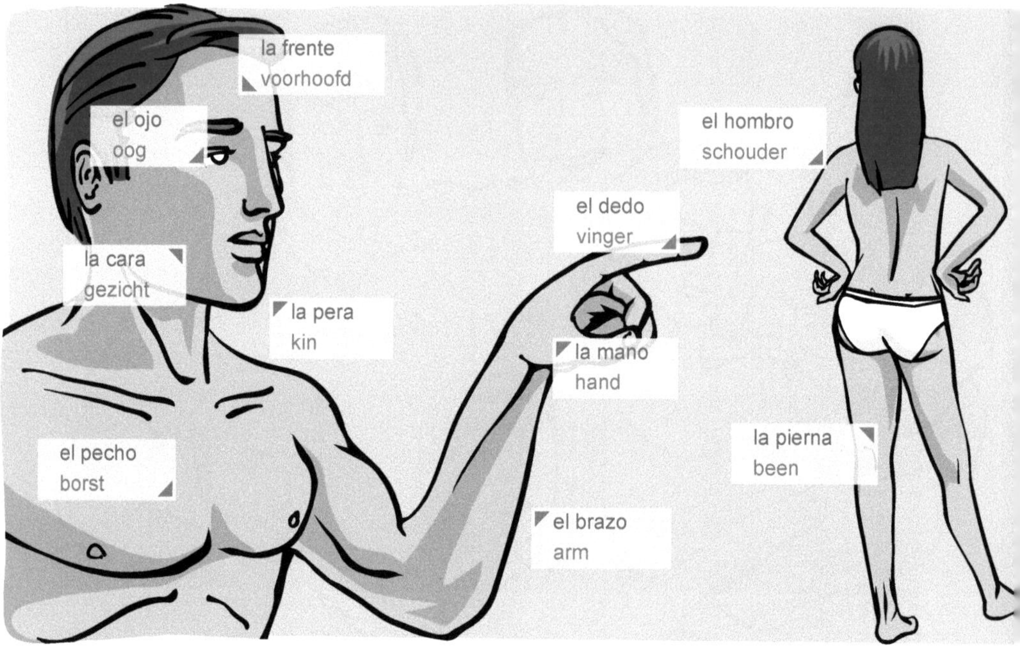

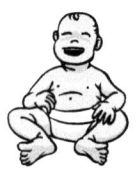

el bebé
baby

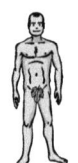

el hombre
man

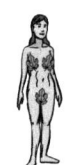

la mujer
vrouw

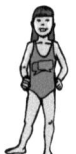

la nena
meisje

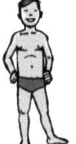

el nene
jongen

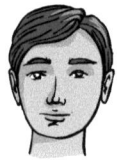

la cabeza
hoofd

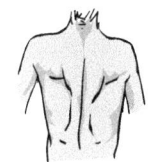

la espalda

rug

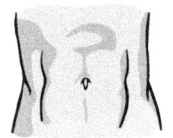

la panza

buik

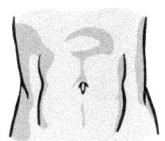

el ombligo

navel

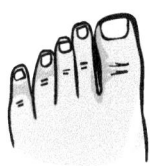

el dedo del pie

teen

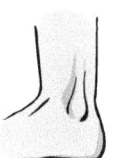

el talón

hiel

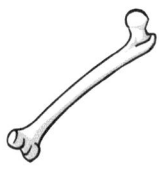

el hueso

bot

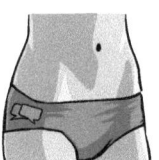

la cadera

heup

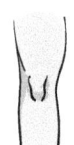

la rodilla

knie

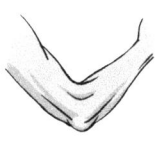

el codo

elleboog

la nariz

neus

la cola

achterwerk

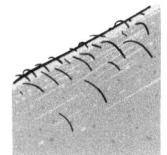

la piel

huid

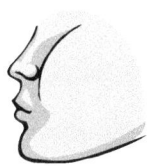

el cachete

wang

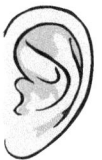

la oreja

oor

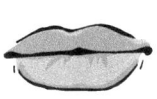

el labio

lippen

la boca

mond

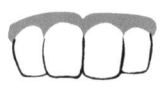

el diente

tand

la lengua

tong

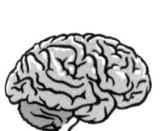

el cerebro

hersenen

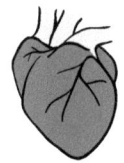

el corazón

hart

el músculo

spier

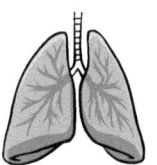

el pulmón

long

el hígado

lever

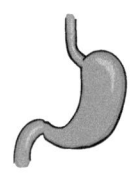

el estómago

maag

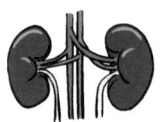

los riñones

nieren

el sexo

geslachtsgemeenschap

el preservativo

condoom

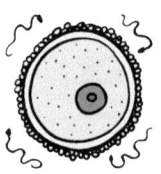

el óvulo

eicel

el semen

sperma

el embarazo

zwangerschap

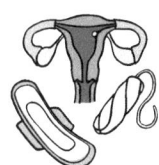

la menstruación

menstruatie

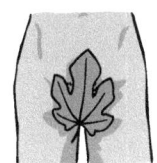

la vagina

vagina

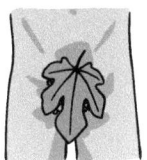

el pene

penis

la ceja

wenkbrauw

el pelo

haar

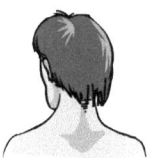

el cuello

hals

el hospital
ziekenhuis

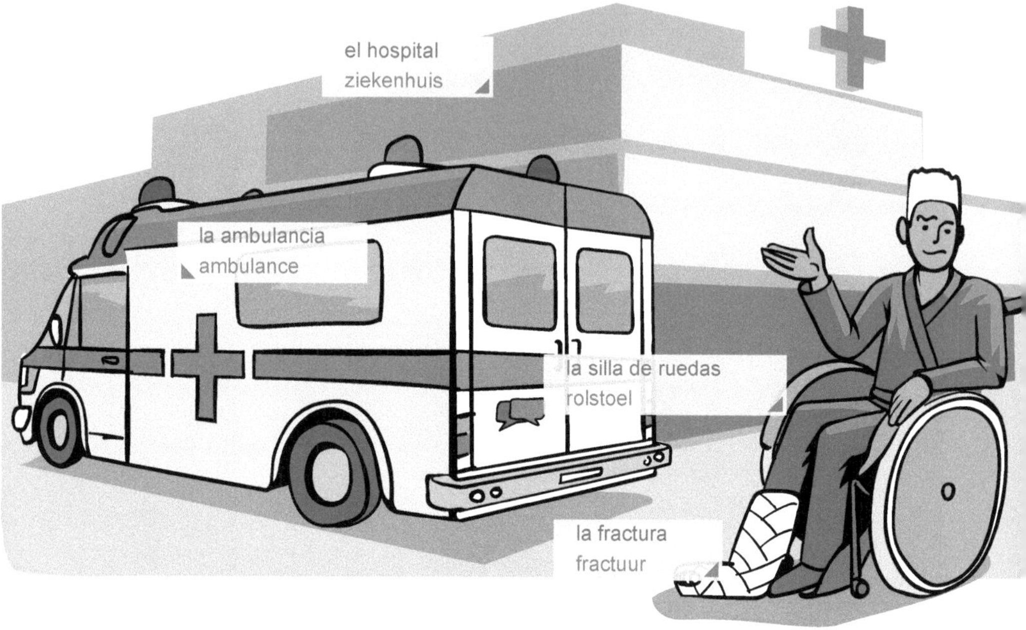

el hospital
ziekenhuis
la ambulancia
ambulance
la silla de ruedas
rolstoel
la fractura
fractuur

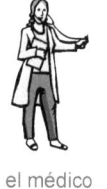

el médico

dokter

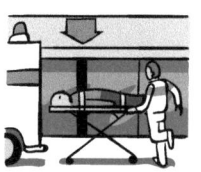

la sala de guardia

EHBO

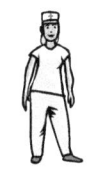

la enfermera

verpleegster

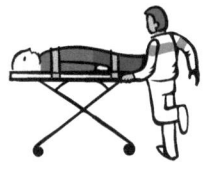

la emergencia

noodgeval

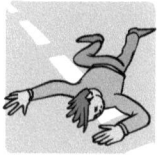

inconsciente

bewusteloos

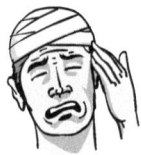

el dolor

pijn

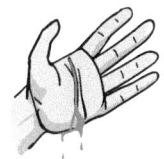

la lesión
....
verwonding

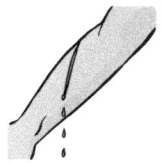

la hemorragia
....
bloeding

el infarto
....
hartaanval

el ACV
....
beroerte

la alergia
....
allergie

la tos
....
hoest

la fiebre
....
koorts

la gripe
....
griep

la diarrea
....
diarree

el dolor de cabeza
....
hoofdpijn

el cáncer
....
kanker

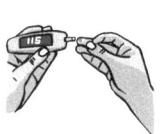

la diabetes
....
diabetes

el cirujano
....
chirurg

el bisturí
....
scalpel

la operación
....
operatie

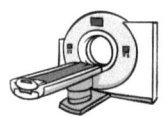

la TC

CT

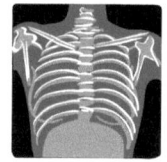

los rayos x

röntgen

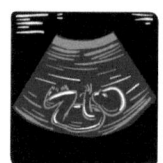

la ecografía

echografie

el barbijo

gezichtsmasker

la enfermedad

ziekte

la sala de espera

wachtkamer

la muleta

kruk

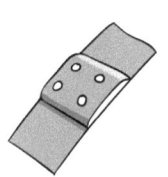

la curita

pleister

la venda

verband

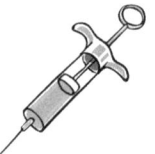

la inyección

injectie

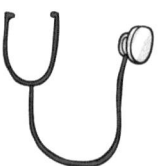

el estetoscopio

stethoscoop

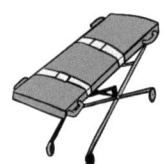

la camilla

brancard

el termómetro

thermometer

el nacimiento

geboorte

el sobrepeso

overgewicht

el hospital - ziekenhuis

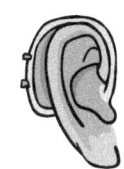

el audífono

gehoorapparaat

el desinfectante

ontsmettingsmiddel

la infección

infectie

el virus

virus

el VIH / SIDA

HIV / AIDS

el remedio

medicijn

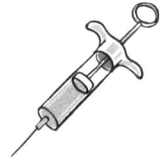

la vacunación

inenting

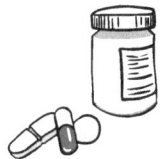

los comprimidos

tabletten

la pastilla anticonceptiva

pil

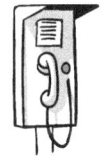

a llamada de emergencia

alarmnummer

el tensiómetro

bloeddrukmeter

enfermo / sano

ziek / gezond

¡Ayuda!

Help!

la alarma

alarm

la agresión

overval

el ataque

aanval

el peligro

gevaar

la salida de emergencia

nooduitgang

¡Fuego!

Brand!

el matafuego

brandblusser

el accidente

ongeluk

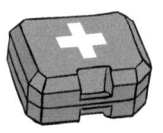

el botiquín de primeros
auxilios

EHBO-koffer

el SOS

SOS

la policía

politie

Europa

Europa

América del Norte

Noord-Amerika

América del Sur

Zuid-Amerika

África

Afrika

Asia

Azië

Australia

Australië

el Atlántico

Atlantische Oceaan

el Pacífico

Stille Oceaan

el Océano Índico

Indische Oceaan

el Océano Antártico

Zuidelijke Oceaan

el Océano Ártico

Noordelijke IJszee

el polo norte

Noordpool

el polo sur

Zuidpool

la Antártida

Antarctica

la Tierra

aarde

la tierra

land

el mar

zee

la isla

eiland

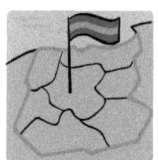

la nación

natie

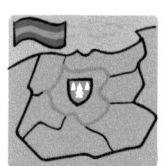

el estado

staat

la esfera

wijzerplaat

la manecilla de las horas

uurwijzer

el minutero

minutenwijzer

el segundero

secondewijzer

¿Qué hora es?

Hoe laat is het?

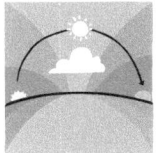

el día

dag

la hora

tijd

ahora

nu

el reloj digital

digitaal horloge

el minuto

minuut

la hora

uur

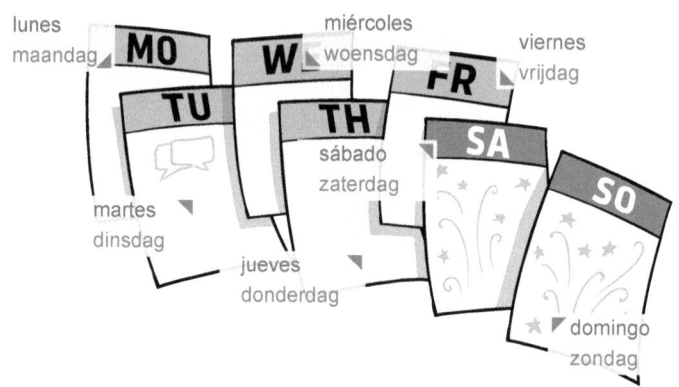

lunes — maandag
martes — dinsdag
miércoles — woensdag
jueves — donderdag
viernes — vrijdag
sábado — zaterdag
domingo — zondag

ayer
gisteren

hoy
vandaag

mañana
morgen

la mañana
ochtend

el mediodía
middag

la tarde
avond

MO	TU	WE	TH	FR	SA	SU
1	2	3	4	5	6	7
8	9	10	11	12	13	14
15	16	17	18	19	20	21
22	23	24	25	26	27	28
29	30	31	1	2	3	4

los días hábiles
werkdagen

MO	TU	WE	TH	FR	SA	SU
1	2	3	4	5	6	7
8	9	10	11	12	13	14
15	16	17	18	19	20	21
22	23	24	25	26	27	28
29	30	31	1	2	3	4

el fin de semana
weekend

la lluvia
regen

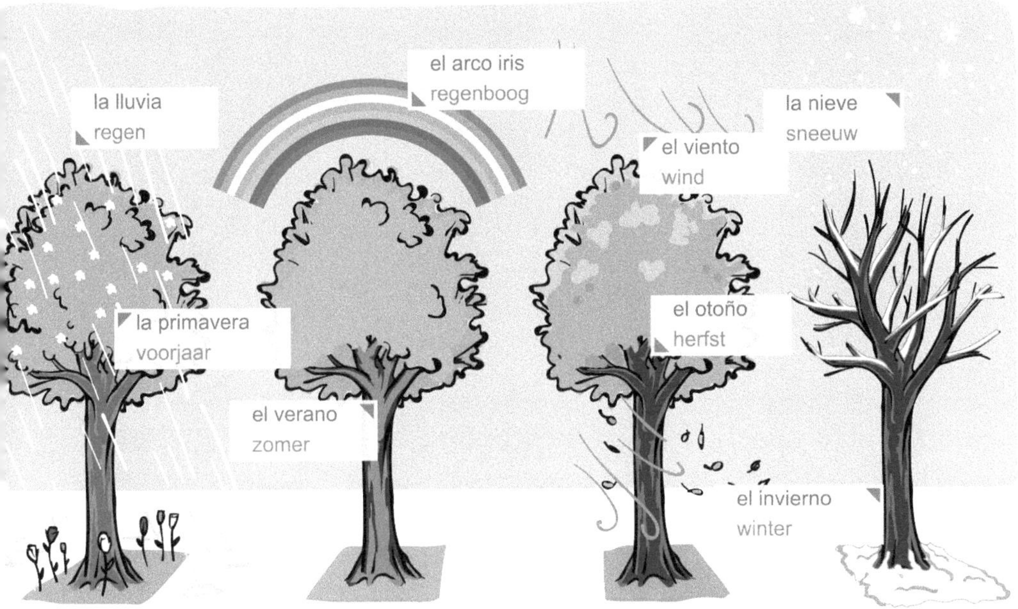

el arco iris
regenboog

la nieve
sneeuw

el viento
wind

la primavera
voorjaar

el otoño
herfst

el verano
zomer

el invierno
winter

pronóstico meteorológico

weerbericht

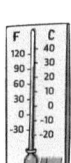

el termómetro

thermometer

la luz del sol

zonneschijn

la nube

wolk

la niebla

mist

la humedad

luchtvochtigheid

el rayo

bliksem

el trueno

donder

la tormenta

storm

el granizo

hagel

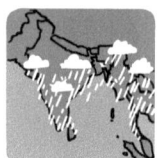

el monzón

moesson

la inundación

overstroming

el hielo

ijs

enero

januari

febrero

februari

marzo

maart

abril

april

mayo

mei

junio

juni

julio

juli

agosto

augustus

el año - jaar

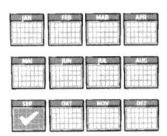

septiembre
....
september

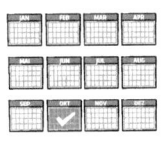

octubre
....
oktober

noviembre
....
november

diciembre
....
december

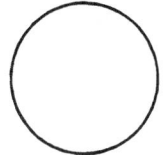

el círculo
....
cirkel

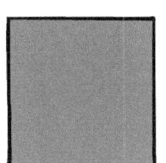

el cuadrado
....
vierkant

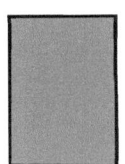

el rectángulo
....
rechthoek

el triángulo
....
driehoek

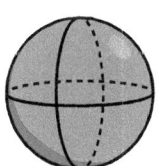

la esfera
....
bol

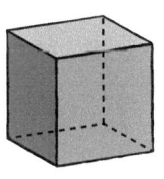

el cubo
....
kubus

colores

kleuren

blanco

wit

amarillo

geel

naranja

oranje

rosa

roze

rojo

rood

violeta

paars

azul

blauw

verde

groen

marrón

bruin

gris

grijs

negro

zwart

mucho / poco

veel / weinig

enojado / tranquilo

boos / rustig

lindo / feo

mooi / lelijk

el principio / el fin

begin / einde

grande / chico

groot / klein

claro / oscuro

licht / donker

el hermano / la hermana

broer / zus

limpio / sucio

schoon / vies

completo / incompleto

volledig / onvolledig

el día / la noche

dag/ nacht

muerto / vivo

dood / levend

ancho / angosto

breed / smal

comestible / no comestible

eetbaar / oneetbaar

malo / amable

gemeen / aardig

entusiasmado / aburrido

opgewonden / verveeld

gordo / flaco

dik / dun

primero / último

eerste / laatste

el amigo / el enemigo

vriend / vijand

lleno / vacío

vol / leeg

duro / blando

hard / zacht

pesado / liviano

zwaar / licht

el hambre / la sed

honger / dorst

enfermo / sano

ziek / gezond

ilegal / legal

illegaal / legaal

inteligente / estúpido

intelligent / dom

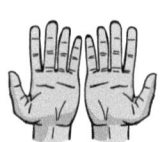

izquierda / derecha

links / rechts

cerca / lejos

dichtbij / ver

nuevo / usado

nieuw / gebruikt

nada / algo

niets / iets

viejo / joven

oud / jong

encendido / apagado

aan / uit

abierto / cerrado

open / gesloten

silencioso / ruidoso

zacht / luid

rico / pobre

rijk / arm

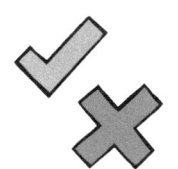

correcto / incorrecto

goed / fout

áspero / suave

ruw / glad

triste / contento

verdrietig / gelukkig

corto / largo

kort / lang

lento / rápido

langzaam / snel

mojado / seco

nat / droog

caliente / frio

warm / koel

guerra / paz

oorlog / vrede

0

cero

nul

1

uno

één

2

dos

twee

3

tres

drie

4

cuatro

vier

5

cinco

vijf

6

seis

zes

7

siete

zeven

8

ocho

acht

9

nueve

negen

10

diez

tien

11

once

elf

12

doce

twaalf

13

trece

dertien

14

catorce

veertien

15

quince

vijftien

16

dieciséis

zestien

17

diecisiete

zeventien

18

dieciocho

achttien

19

diecinueve

negentien

20

veinte

twintig

100

cien

honderd

1.000

mil

duizend

1.000.000

el millón

miljoen

talen

el inglés

Engels

el inglés americano

Amerikaans Engels

el chino mandarín

Chinees Mandarijn

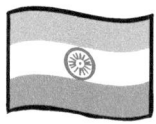

el hindi

Hindi

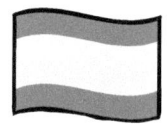

el español

Spaans

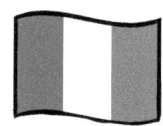

el francés

Frans

el árabe

Arabisch

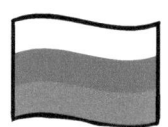

el ruso

Russisch

el portugués

Portugees

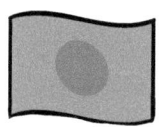

el bengalí

Bengalees

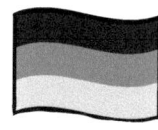

el alemán

Duits

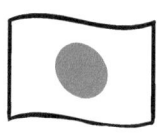

el japonés

Japans

yo

ik

vos

jij

él / ella

hij / zij / het

nosotros

wij

ustedes

jullie

ellos

zij

¿quién?

wie?

¿qué?

wat?

¿cómo?

hoe?

¿dónde?

waar?

¿cuándo?

wanneer?

el nombre

naam

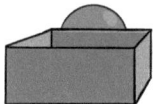

detrás

achter

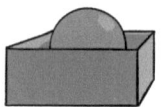

en

in

adelante de

voor

por encima de

boven

sobre

op

debajo de

onder

al lado de

naast

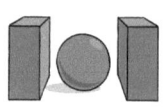

entre

tussen

el lugar

plaats